Christa Peikert-Flaspöhler

mit deinem Echo im Herzen

Neue Psalmen

Lahn-Verlag Limburg

Die Deutsche Bibliothek – CIP-Einheitsaufnahme

Peikert-Flaspöhler, Christa:
mit deinem Echo im Herzen: Neue Psalmen /
Christa Peikert-Flaspöhler. – Limburg: Lahn-Verlag, 1995
ISBN 3-7840-2701-6

Textnachweis:
„Regenpsalm" aus: *Sommerbriefe;*
„endloses Lied des Werdens" und
„Du bist meine Hirtin, Schöpferin Liebe"
aus: *Du träumst in mir, mein Gott;*
„Trösterin" aus: *Niemals mehr wollen wir sprachlos sein.*
© Lahn-Verlag, Limburg.

Bildnachweis:
Umschlag: Karl-Heinz Schlierbach, Gladenbach;
S. 13, 21, 105, 125: Rauch-Color-Dia, Michelstadt;
S. 37, 53, 69, 93: Gerd Weissing, Nürnberg.

e verlags gruppe engagement

Lektorat: Ursula Mock
Umschlaggestaltung: Jürgen Weber
Satz: Typo Schröder, Dernbach
Lithos: Koch Lichtsatz und Scan GmbH,
Wiesbaden-Nordenstadt
Druck: Athesia, Bozen

ISBN 3-7840-2701-6

Inhalt

endloses Werden

wir fragen, bitten, klagen

miteinander leben

mit deinem Echo im Herzen

zum Psalm 23: „Der Herr ist mein Hirte“

Einladung

Die Sammlung von Psalmen „mit deinem Echo im Herzen“ spricht von der uralten und bleibend neuen Suche und Hoffnung im Glauben und von der Sehnsucht nach dem Mehr, als unser Menschsein beinhaltet: nach Gott, dem Ursprung allen Lebens, der göttlichen Kraft, die weiter wirkt und den Kosmos bewegt.
Psalmen sind von altersher überlieferte Lieder, Loblieder für Gott. Sie wurden, begleitet von einem Saiteninstrument, zum Beispiel der Harfe, gesungen. Aber die Psalmen der hebräischen Bibel gehen über das Lob hinaus, weil in unserem Leben nicht nur Freude und Dank, sondern oft Sorgen, Angst, Not und Trauer zu Hause sind. Wohin sollten wir uns mit diesen Lebenserfahrungen wenden, wenn nicht an die göttliche Schöpferin Liebe? Wen sollten wir um Schutz, um Hilfe, um Nähe bitten, wenn nicht die heilige Weisheit, wenn nicht den guten Gott Jesu, dessen Wesen in der hebräischen Bibel, dem Glaubensbuch Jesu, väterliche und mütterliche, männliche und weibliche Züge kennzeichnen.
Die alten Psalmen spiegeln die persönlichen Lebenssituationen und -erfahrungen ihrer Dichter, die Sichtweise ihres Glaubens und die allgemeinen geschichtlichen Verhältnisse ihrer Zeit. Wie könnte es auch anders sein? Ebenso gewinnen die damals üblichen Sprachformen Ausdruck. Heute schreibe ich als weiblicher Mensch in meinen Lebensverhältnissen. Politische, gesellschaftliche und kirchliche Ereignisse und Gegebenheiten der Vergangenheit und Gegenwart, die mich und meine Mitmenschen betreffen, werden Ihnen in den Psalmen begegnen. Auch das kann nicht anders sein. Es geht um Sinn und Wahrhaftigkeit.
Wenn ich seltener, als es im allgemeinen in Liedern und Gebeten geschieht, Gott, Herr oder Vater sage, wenn ich die männlichen Gottesanreden hinterfrage, bedeutet das nicht, ungläubig oder gottlos zu sein, sondern behutsam und wach mit diesen früher und heute vielfach mißbrauchten Namen umzugehen. Im Verschweigen des zu Formeln Gewordnen

äußern sich die Suche, das Herantasten an heilige Fülle und meine Sehnsucht, als Frau im Göttlichen beheimatet zu sein. Es zeigen sich innere Glaubenserfahrungen.
Leben in den Gottesnamen „heilige Schöpferin Liebe“, „göttliche Lebensquelle“, „göttliches Du“, „heilige Weisheit“ weniger Verehrung und Liebe als in den Bezeichnungen Gott, Vater oder Herr?
Und es bleibt Raum, zwischen den Zeilen, in oder hinter den Worten zu ahnen, zu vermuten, zu ent-decken, Eigenes zu klären.
Ich bin auch dankbar für das Wiederfinden der hebräischen „ruach“ als der lebenspendenden weiblichen Gotteskraft im jüdischen Glauben, die uns auch Jesus verheißen hat.
Den biblischen Psalmen ähneln sprachliche Formen meiner Gestaltungen, und sie weichen ab, zeigen sich ganz anders.
Diese Sammlung vereint Texte, die vom Jahr 1970 an bis heute entstanden sind.
Ihnen, liebe Leserinnen und Leser, wünsche ich in der Begegnung mit den neuen Psalmen auch ein göttliches Echo im Herzen.

Christa Peikert-Flaspöhler

endloses Werden

aus einem Mund

I
warm spielt
die Lichtflut der Sonne
auf meinen geschlossenen Lidern
und der kommende Tag
dein Geschenk, Lebendiger
öffnet sich
atmend im Glück:
wie dein Garten den Menschen
sich auftat
am sechsten Schöpfungstag –
wie schön, Gott, ist es
zu leben!

II
du
der kommende Tag lastet auf mir
wie ein Berg
dessen Schatten den Weg
in Dunkelheit tauchen
unter dem Druck
unbestimmbarer Ängste
kann ich die Augen nicht heben
um die Sonne zu sehen
niemand
kennt meine Nacht
Gott
nimm mich an der Hand
und führe mich
aus meiner blinden Furcht
ins Freie

Frühlingspsalm

Du hast mich
aus dem Tunnel geführt,
mein Gott,
hell und weit kommt mir das Leben entgegen.
Wie herrlich,
daß mich die Sonne blendet,
daß ich Erde spüre
unter den Füßen!
Die kleinen Schnäbel der Vögel
durchstoßen die Wände
aus Dunkel und Glas,
und ihre Lieder durchschwirren die Luft.
Wie hoch sich deine Himmel wölben,
mein Gott,
wie sie sich in Hoffnung und Freude kleiden!
Bald werden mit mir
die Anemonen und Schlüsselblumen,
das Scharbockskraut
und die Leberblümchen,
die Veilchen und die Goldweiden sagen:
Das Leben ist voller Wunder,
Gott,
wir loben dich, Schöpferin Liebe,
wir danken dir.

Und ich weiß wieder,
Gott,
daß du immerfort die Welt erschaffst,
daß du alles neu werden läßt,
auch mich, wenn ich ja dazu sage.
Wie erst, unser Gott,
wie erst
wird der unvergängliche Frühling sein?

Sommerpsalm

mit den Küssen des Frühlings gesegnet
Tag und Nacht gewiegt und liebkost
von Sonne, Regen und Wind
grüßt uns leuchtend die Erde –
früh am Morgen singt sie mich
aus dem Schlaf
fächert golden das Licht durch mein Fenster
tauft das Zimmer, das Haus, mich selbst
mit Sonne
lockt in den duftenden Tag

noch atmet sanft durchperlt vom Tau
die Wiese
Feuerwerke blitzt die Sonne in jeden Tropfen
ich ertaste barfuß das Sommerland
tauche in das Geheimnis der Glockenblumen –
Margeriten, Kuckuckslichtnelken und Hahnenfuß
sticken das grünbunte Tischtuch
tänzerisch kämmt der Wind die weizenblonden
und rostroten Gräser –
horch
das summende, sirrende, schwirrende Hochzeitslied

wieder
immer noch
trotz allem
Schöpferin Liebe
die Sinfonien von Farben, Formen, Düften und Klang
danken will ich
geschwisterlich zugeneigt
mit behutsamem Leben

stolz und strahlend steigt die Sonne in den Zenit –
auf Balkonen und Terrassen werden Sonnensegel
gesetzt

unsre Boote mit Wünschen und Träumen nehmen Kurs
auf die leuchtende Wölbung
Kinderlachen und lärmende Spiele durchtanzen
die Stunden
Schaukelschwünge bewegen die Luft
auf dem Pflaster prallt der harte Rhythmus
des Fußballs
und dazwischen das Schmelzen süßer Eisberge
auf begierigen Zungen

Dank dem Wasser
seinen kraftvollen, kühlen Wellen
daß es sprudelnd, rieselnd und strömend
alte und junge Körper außen und innen erquickt
Dank den Bäumen und Sträuchern
unverdienten Schattenspendern und Fruchtoasen
Dank den Tieren
vom Pantoffeltierchen, Marienkäfer und Regenwurm
bis zu den Dickhäutern, Walen und Albatrossen
unsere Mutter Erde erfüllen sie mit Bewegung
Neugier, Buntheit und Musik
leben mit uns als Freunde, Helfer und Gefährten —
leben und sterben *für* uns ungeschützt
ohne eigenes Wollen

fragst du mich, heilige Weisheit
nach der Not, Zerstörung und Hoffnungslosigkeit
durch uns Menschen?
oft, du weißt es, stockt mir der Atem
würgt mich Entsetzen, packt mich der Zorn
möchte ich mächtiger sein und kleiner
ich will wieder und wieder versuchen
geschwisterlich und behutsam zu leben
trotz verpesteter Luft
vergifteten Wassers
enteigneter Stille
betrogener Tiere
will ich mich freuen am Sommer

danken
das Leben loben und lieben

wo die Erde nicht zugepflastert ist
fallen die Takte der Rasenmäher und
Heckenscheren in den sinkenden Tag –
schwenken Regner gläserne Melodien durch die Luft
auf durstenden Rasen
Gartenschläuche brausen gesträhltes Naß
auf matte Blätter und Blüten
an die nährenden Wurzeln –
von der Spitze der altersgrauen Lärche herab
gibt die Singdrossel trillernd und flötend
ihr Abendkonzert
wieder betört das Geißblatt jelängerjelieber
duftstark die Nachtschmetterlinge
und mich

Abendblau hüllt die Geräusche ein
in unsre Gläser auf dem Terrassentisch tropft
die Mondschale Milchmannaströme
als wolle sie uns bezaubern zu einer Himmelfahrt

danke
daß mir die Stille und Süße
das Herz beinahe sprengt
danke
für alle genannten und ungenannten
Atemzüge des Glücks

Ferienpsalm

gelobte Zeit
du winkst vor deiner Zeit
verheißungsvoll
in den hektischen Alltag
meine Sehnsucht streckt
sich aus
vergißt:
vergänglich
unwiederbringlich ist
jeder Tag

gelobte Zeit
an einem Abend
meinem Abend
entlasse ich Uhr und Termine
ich ziehe um
ins hochgewölbte Haus
geh auf der Milchstraße spazieren
und steige in den Himmelswagen ein

gelobtes Land
ich reise
vielleicht wärmt mich
vor deinem Land
die langentbehrte Sonne
liebkosen Wege, moosversponnen
meine Füße
tauch ich ins Lebenselement
des Anfangs
leicht und frei

gelobtes Land
vielleicht bedrücken mich
vor deinem Land
das Kofferpacken und
ein Heimweh widersprüchlich
und dann bewegen sich
fort
die vertrauten Bilder
tönen
die Straßen
die Schienen
die Lüfte
Freiheit
treibt mein Erwarten
Blüten
finde ich dich

gelobtes Land
ich reise
anders
als es Landkarten wissen
ich reise
weit und nah
meine Fahrkarte stellen die Träume
aus
Grenzen vergessen sich
meine Orte heißen
Muße
Lesen
Lachen
Stille
Balsam
Staunen
Freundschaft
Zärtlichkeit
Dank

Regenpsalm

gegen alle Gewohnheit Wurzelvergeßner
gegen alle Sätze der Schönwetter-Dogmatik
will ich dich loben
will ich dich lieben
Perlnebel
plötzlicher kalter Trommler
Wolkenquell
Himmelskaskade
gläserner Peitschenhieb
Regen!
meinen eiligen Unmut wegsingen lassen
meine staubige Melancholie
von deinen Tropfengesängen
alle Mattigkeiten und Schweißausbrüche
alle Durstsymptome auf der Haut und darunter
alle ausgedorrte Liebe der Erde
übereignen deiner Barmherzigkeit

schufst du nicht neu, immer neu
den verbrannten Atem der Wiese
das welkende Rosenlicht
die Blütenträume der Wüsten?
webst du nicht silbergrün das Reisfeld
schwemmst müde Blattgesichter schön
säugst die Moose, bis sie dir danken
tröstest das seufzende Dach?

brüllende Tiere stillst du
tränkst uns mit Düften, wolkengetauft
deren Namen unsere Zunge erstammelt
heilst die Fühllosigkeit unsrer Hornhaut
löst die schmerzenden Krusten

tanzen kannst du auf Pflastersteinen
Schlagzeug auf Dächern spielen
und an den Fensterscheiben
Waldchöre wecken
während des Nebelmonds schmückst du
die kahle Geduld der Bäume
mit Tropfengeschmeide
Lebenskristalle in Auge und Herz

daß du ausbleibst
erwartet erfleht erstorben –
daß du Flüsse zum Bersten bringst
und ertränkst, was noch leben möchte
gibt mir kein Alibi
deine Wohltat zu schmälern

loben will ich dich
Bote und Diener des Lebens
loben und lieben
dein siebenfarbiges Wort

Herbstpsalm

I

Wie wunderbar ist der zögernde Tag
erblüht, mein Gott,
wie reich strömt er zu uns
und-wie abschiedsbereit.
Nicht ein Wolkenstreif schmälert
den reifen Glanz des Gestirns
am herbststillen Himmel.
Wir erfahren aufs neue,
daß du uns immer im Kreise
lichten Lebens hältst.

Als ich aus der Haustür trat,
mein Gott,
grüßte mich der Ahorn
mit golddurchschimmertem Laub
und legte mir eine leuchtende Blatthand
zu Füßen.
Der wilde Wein an der Wand
läßt meine Augen in Purpur baden,
und am Gartenzaun spricht eine Rose:
Ich dufte für dich!
Der Wind ruht sich
hinter bunten Hügeln aus,
manchmal spielt sein sanfter Atem
in goldenen Kronen und meinem Haar.
Im Segen der Früchte neigt sich mir
der Apfelbaum zu, und ich koste
den Saft und die frische Süße
des Wachsens und Reifens.
Korallengekörn streut der Vogelbeerbaum
für die Drosseln aus,
helle Flammen sprühen Dahliensterne
ins schwimmende Blau.

Die Erde spiegelt die heilige Quelle
als Gabe, Fülle, Vollendung.
Behutsam schließt unter dunstigen Schleiern
der Tag das goldene Tor.

Daß du uns
diesen Tag erschaffst, Gott,
ich danke dir!
Daß ich ihn sehen und hören,
fühlen und riechen und schmecken darf,
Gott,
ich danke dir!

II
Unter erloschenem Himmel,
mein Gott,
fege ich verrostete Blätter zusammen
und fülle die Abfalltonne auf.
Noch frieren die nackten Bäume nicht.
Sie heben ihr schönes Haupt
unverstellt in unsere Augen,
sobald sich die Nebelnetze lösen.
Im Birnbaum hockt stumm ein Amselhahn
und bewacht die behende Winzigkeit
des Blaumeisenpaares im dünnen Gezweig
mit Argwohn.

Ich bitte die Tanne um grüne Zweige
und decke die Rosenstöcke im Garten
und auf den Gräbern zu,
mein Gott.
Wie still sich die Erde hält
nach der rasenden Reise des Windes
von West nach Nord.
Die Bäume horchen in sich hinein,
hinab auf den Grund,
wo das Leben ruht und sich sammelt.

Die Toten,
verwandelt im Schoß der Erde
und wie wir in deinen Händen, Gott,
schreiben ihre verblaßten Namen
beim Schein der Winterastern
in unsern kurzen Tag.

Wir wissen nicht, unser Gott,
wie lange wir noch
mit den jetzigen Augen lesen können

Winterpsalm I

Die schleichenden Nächte holen mich ein
mein Gott
und der Regenturm schließt sich
um die zögernden Tage.
Angst kriecht in mein Herz
frißt sich satt an Freude und Zuversicht.
Jetzt zünde ich eine Kerze an
ein Hoffnungslicht
die klaren Tage meiner Kindheit
will ich erinnern
die Sterne meiner schlesischen Heimat träumen.
Ich rufe die klirrenden Nächte zurück
im Zeichen des Himmelswagens
den knirschenden Schnee unter Schuhen
und Schlittenkufen
die Stille des Flockenrieselns
über den Breiten des Dorfes
den bergwärts steigenden Wäldern.

Der Jussuff schlägt an die Tür
jagt einen Kälteschwall vor sich her
poltert pelzvermummt in die Küche
Eiszapfen im Bart
mit schneeverkrusteten Stiefeln
und forscht nach guten und bösen Taten.
Wie gut, daß die Mutter uns beisteht
daß ein Klang von Vaters Stimme erwacht
in den strengen Worten
und die Überhand gewinnt.
Wie arglos wir glaubten, mein Gott
wie rasch uns die Freude erwärmte!
Das Christkind kündigt sich an.

Rorategang
im Schneelicht des Morgens

der Frost zwickt uns wach
unsre Atemwolken steigen den Hügel
hinauf
adventsverschlossen träumt
das Glaslied der Kirchenfenster.
Wir zünden unser Roratelicht an
mein Gott
wir lassen uns in der Kälte trösten
wir wärmen uns an deiner Verheißung
wir suchen das Kind von Betlehem
wir rufen dein Licht zu uns herab:

„Tauet Himmel den Gerechten,
Wolken, regnet ihn herab,
also rief in bangen Nächten
einst das Volk in Sünd und Grab.
Sah mit Götzendienst umzogen
den gestirnten Himmelsbogen,
fühlte seine Willenskraft
tief zerrüttet und erschlafft."

Das Christkind kündigt sich an.
Sein Geheimnis wohnt
in der kleinen, verschlossenen Stube.
Dann wächst der Christbaum
bis unter die Decke
Lametta und Rauhreif glitzern
die Kerzenflammen tanzen
und die kleinen Glasvögel zwitschern
vergnügt.
Das Christkind war bei uns!
Das Christkind liegt unter Palmwipfeln
in der Krippe
aus Sperrholz gesägt und lebendig
um Mitternacht werden wir
nach Betlehem wandern.

Die Schlittenfahrt mit den Großeltern fällt mir ein:
wie die Kufen über schmale Waldwege
glitten
wie der Schnee von den Fichten stäubte
wie uns in der Stille
das Schellengeläute umtanzte
dann, auf einmal der Abgrund
das Scheuen der Pferde
ihr rasendes Vorwärts
unter der Peitsche der Angst
und wir, umklammert von Furcht
in Betäubung gepreßt, geschüttelt
wo gibt es Halt außer dir
unser Gott?
Du hast uns die Heimkehr geschenkt
unser Leben wiedererweckt
Stall und Haus zurückgegeben
die ausgelöschte Schönheit wieder
geschrieben
wie ein Wunder, Gott.

Aber – was ist nicht wunder-voll?

Ich staune
daß ich einkehren kann im Vergangnen
zu Hause bin und Trost daraus schöpfe –
daß ich wiederum Erde zum Wurzeln fand
und Augen, die mich erkannten.
Daß meine Worte Brücken bauen
und meine Augen sich füllen.

Ich will dir für Tage und Nächte danken
mein Gott
für Menschen und Dinge
für gestern, heute und morgen
für Schwäche und Trauer
und
für dein lebendiges Licht

Winterpsalm II

noch tiefer deine Dunkelheiten
müdes Herz
dein Klopfen an den Türen
ohne Antwort
der schmale Lichtschein
Botschaft warmer Mitte
hofftest du
ist Schranke
rauhreifkalt
da drinnen planen Eingeweihte
die Feier nichtgeglaubten Werdens
die Lichterstränge in den Straßen
lügen auch

dort
wo das Kind geboren wird
im Mutterland
bist du willkommen

Lebenspsalm

Nie wieder wird Abend
in deinen Augen wohnen

nicht der Abend der Amseln
der Lindenblüte
der flüsternden Wege
der Sternenbrücken

nicht der Abend schlafender Kinder
zärtlicher Lippen
träumender Wunder

nicht der Abend beglückter Erwartung
duftenden Weines
fröhlicher Gäste
stillen Erinnerns

nicht der Abend des Abschieds

Nie wieder wird Nacht
deine Augen besetzen

nicht die Nacht verzweifelter Sehnsucht
enttäuschter Liebe
zerstörten Hoffens
kalten Zornes

nicht die Nacht ohne Haus
ohne Lampe
ohne Worte und Lächeln

nicht die Nacht zerfallender Kräfte
bohrender Ängste
dorrenden Glaubens
drückender Schuld

nicht die Nacht des Todes.

Nie wieder Abendliebe der Erde
Nie wieder Nachterleiden mit ihr.

Augen, Hände und Füße gestillt
wie der fühlbare Herzschlag
so wirst du getragen
zum Grab, das wir sehen
zum Ziel, das wir glauben
ins Morgendämmern

Immer wird – wie wir hoffen –
in deinen Augen der Morgen wohnen
immer
das *Licht*

endloses Lied des Werdens

ich hör' dich singen in mir
das Lied des Anfangs;
wie du die Erde,
in deiner Sehnsucht gewachsen,
aus deiner Freude und Güte geformt,
geboren hast,
heilige Schöpferin Liebe

in deinen Wehen brausten die Ozeane –
alles Atmende schlief noch,
gewiegt in fruchtbaren Wassern;
bis du zärtlich und machtvoll
die Namen hinaussangst
ins All

Fischen strömte das Lied
in die Kiemen den Hauch –
Vögeln öffnete es in Kühnheit
die Flügel –
und sie trugen es ins weite Gewölbe

deinem Schoß entsprangen die Adern
der Ströme –
in ihren winzigen Wiegen erhoben sich
Blumen und Bäume

aus deinen Augen hast du die Sterne
gepflückt – Sonnen, unzählbar –
und sie gefügt zu Planetensystemen,
Milchstraßen und Spiralnebelwelten;
Auge um Auge deiner verschiedenen
Kinder
ertastete staunend das Licht

ich hör' dich singen in mir
das endlose Lied des Werdens,
heiliger Atem,
du Immer-mit-uns,
unerschöpfliche Schöpferin Liebe;

gib mir die Stimme,
es werdend zu singen ins tägliche Leben;
auch, wenn es sich an der Härte
der Machthaber bricht;
auch, wenn die Totgefütterten
nichts hören wollen;

irgendwie, irgendwann
erschüttert sein Schwingen
Gelähmtes, Betäubtes
aufs neue zum Werden

wir fragen, bitten, klagen

Was geschieht mit mir, Gott?

Aufgescheuchten Vögeln gleichend
entfliehen mir die Gedanken.
Unmerklich fast
lösen sich aus dem Gefüge die Fäden,
neu sich bindend zu wirrem Geheimnis,
meine Seele erschreckend.

Dumpfes Ermüden lähmt mein Herz.
Eingehüllt
in die Schleier unendlicher Trauer
dehnt sich vor mir der Weg.
Wohin?

Zu denken, Gott,
daß es das letzte Mal wäre:
Schneeflocken kühl auf dem Gesicht
zu spüren,
rote Tulpen und gelbe Narzissen
in die Vase zu stellen,
lächelnd
dem Frühlingsruf der Meise
zu lauschen,
Melodien vertrauter Stimmen
im Raum –
und im Spiegel geliebter Augen
zu lesen: *du!*

Zu denken, Gott
daß es das letzte Mal wäre

Psalm der Trauer

Gott,
ich fühle mich
wie ein versiegender Bach.
Die Strömung der Freude
ist von mir genommen.
Ich habe mein schimmerndes Lied
verloren,
und die Wasser der Liebe finde ich
im trüben Rinnsal der Tage
nicht mehr.
Auch die Blumen
haben sich andre Plätze gesucht,
und die Vögel kommen nicht mehr;
denn meinen Spiegel
hat die Tiefe an sich gerissen.
An meinen Ufern
rastet nur noch die Trauer
und sammelt Scherben
von dem entblößten Grund.

Warum
hast du die Glocke des Himmels
verstummen lassen
und das tröstliche Licht der Gestirne
für mich verdeckt?
Wann schickst du mir wieder
vom Berge lebendiges Wasser?
Wann
wird es meine Leere durchfluten
und deinen Regenbogen
auf Wellen der Freude tragen?

Pläne

Gott,
du hast meine Pläne durchkreuzt.
Ich verstehe dich nicht.
Es ist nicht das erste Mal,
daß ich umdenken muß,
aber wieder
muß ich ganz neu beginnen.
Du hast mich herausgenommen
aus dem Getriebe des Tages.
Du hast vor die Tore
die Schranke der Krankheit gelegt.
Du hast mich kurz vor dem Ziel
auf den alten Platz zurückgeworfen.

Gott,
deine Pläne für mich sind ganz anders,
als ich es erhoffte.
Willst du meinen Ehrgeiz
und meinen Trugschluß,
unentbehrlich zu sein, entlarven?
Willst du mir
die Zeit zur Stille geben,
die ich nicht eingeplant habe
aber unbedingt brauche?

bin ich dieser Mensch?

I
wir fallen bedrohlich oft
bedrohlich lange
den Formeln zum Opfer
als Nachsprechende
zur Hand der Bequemlichkeit
die wir Glauben nennen
in den Fesseln der Furcht
der wir überstülpen die Maske
Vertrauen

der Friede rollt aus unserem Munde
eine Hülse
beliebig
wir geben nichts her
uns schmerzt nicht
der Ab-Fall

zu gewissen Zeiten
wird das Verbrauchte zusammengefegt
unsre Mülltonnen stehen offen

II
wir eilen weiter
auf doppeltem Boden
und
zweifach versichert:
Schutzbrille und Tür mit Vorhängeschloß

wenn wir einbrechen würden
ins Tiefe
allein mit uns selbst

wenn das Licht ungefiltert
bedrängte die Augen
enthüllte das andere Ich
zum Leben erlöste
die Bilder der Seele

wenn die Tür ins Schwingen geriete
nach innen
nach außen
zu Heimkehr und Aufbruch

III
bin ich dieser Mensch?

dein Spiegel, heiliger Geist
erschüttert die Oberfläche
statt einer Ab-Bildung
schenkst du mir Ein-Sicht

bin ich diese Frau? dieser Mann?

durchlöchert das schöne Erscheinungsbild
ja, meine Dornen sind nadelspitz
ja, meine Wünsche wuchern
ja, meine Müdigkeit lähmt das Wachsen
des Ölzweigs

bin ich diese Frau? dieser Mann?

aus meiner Scham blühen Rosen auf und
duften dich, Schöpferin Liebe
das Aufgerißne besternt sich
mit Gänseblümchen
der unverdrossenen Zärtlichkeit
gute Erde liegt bloß
unterm Apfelbaum
viele Spuren schreiben Heimat hinein

mein Werden, Schöpferin Liebe
zu lesen in deinen Augen
vertraut mir den Frieden
als göttliches Kind

die Wohnung meines Namens

G ott, welche
L eere. Tonloses
A neinandergehängt
U mhüllung für nichts.
B eginne zu leben für mich
E in Atemzug

G enügt vielleicht, den
L eichnam zu erwecken, die
A sche
U mzuwandeln in
B lut und Fleisch
E rschaffung meiner

G rünen Weide; dort würde ich
L iegen und träumen, dort würde ich
A uferstehen mit meinen lahmen Füßen
U m die Stimme im tauben Ohr zu
B ehalten, die Wohnung meines Namens
E mmanuel

wo bist du, letzte Hoffnung?

diese lähmende Angst
daß du sie spürtest, heilige Kraft

eingeschnürt mein Atem
wenn sanftes Dunkel abstürzt
in bodenlose Nacht
unendliche Leere krallt mich
das Nichts schluckt sogar den Ton
der eigenen Stimme
wo bist du, letzte Hoffnung?
bist du?

wenn es stimmte
daß du in dir selbst unendlich
glücklich lebtest
wie Gotteslehrer behaupten
prallte alle Menschennot ab
an deiner geschlossenen Seligkeit
bliebe mir als Erlösung nur
das Ende

diese ausweglose Verlorenheit
um mich
in mir
nichts mehr fühlen müssen
verlöschen

wo bist du, letzte Hoffnung?

Näherungsversuch

Als wären die Neststunden
Spiegelungen
der Wüste gewesen
entlarvt
nachdem ich jeglichen Hunger
mit deinem Namen begleichen
mußte
bis ich erbrach

Als saugtest du –
ein schreckliches Auge –
Sehkraft
aus unseren Niederlagen
und blendetest Herz und Verstand
bis Gegenfrost oder Widerstand
blieben

Enterdete Felder halten mich
fest
ich kratze nach Halmen und Körnern
sag mir
wie du wirklich heißt
und wo du wohnst

deinen Namen vom Mißbrauch befreien

daß sie dich schamlos *Herr*
anrufen
die vielerlei Menschen-Herren
daß sie *dich* zum Komplizen
ihrer Todessucht machen
zum himmlischen Beistand ihrer
Kriege
daß sie *dich* mit ihren Waffen
verbünden
den göttlichen Schutz und Segen
an die Vernichtung heften
daß sie *dich* in Besitz nehmen
als Gewalthaber
ausbeutend
tötend
vergewaltigend
deine Herrschaft feiern
sich verbeugen vor dir

ich will deinen Namen vom Mißbrauch
befreien
Gott
Atem und Leben heißt du
heilende Kraft und Nähe
mit uns
für uns
unverfügbar
unbeherrschbar
Heiliges, das ist
was es sein wird

Psalm 130 heute

von unsern Abschußrampen schreie ich
Gott, zu dir
hörst du, Hinabgestoßener
meine Stimme?
Wende dein Ohr
zerschlagen, als wir dich verhörten
mir zu
lies mit geblendeten Augen von meinen Lippen
die Angst

wenn du des Fort-Schritts gedenken wolltest
des Senkrechtstartens auf Kosten der Kinder
wer noch sollte vor deiner Ohn-Macht bestehen
doch bei dir ist Heimkehr zu finden
daß die Getretenen uns erlauben
zu dienen

ich hoffe auf dich, mitleidender Gott
es hofft meine Seele in Mitschuld
auf dein heilendes Wort

ganz gesammelt im Wachen und Schlafen
warten auf dich, Befreier, die Armen
während ich morgens vergeßlich
die Frucht ihrer Arbeit genieße

wecke mich aus dem Besitzstand
löse die satten Völker aus
der Herrschaft des Geldes aus
der Sicherheitslüge auf Kosten der Kinder

wandern wollen wir barfuß in deinen Spuren
Jesus, Gesandter, Gesalbter
heilige Fülle erwartend

für Kinder

nicht genug
tausendmal
nicht genug
tausend mal tausendmal
gestern und
jetzt
überall
die Klage

wäre sie doch
allmächtig!
du, heilige Kraft
du, Vater und Herr von vielen genannt
kannst es nicht sein
wärest du es
ich müßte dich verbannen
aus meinem Herzen
aus meinen Gedanken
weil das Leid der Kinder
zum Himmel schreit
pausenlos

zählte für dich die Freiheit der Täter
die Leib und Seele der Kinder
lustvoll zerstören
vor deiner Liebe zu den Schutzlosen
schautest du gleichmütig zu
wärest du
nichts

deine mitleidende Ohnmacht
rufe ich an
deine heilende Gegenwart
jetzt
nicht einen seligen Himmel
irgendwann
während den Kindern das Leben
zerquält und getötet wird

deine werbende Liebe
rufe ich an
deine Stimme in uns
die uns hellhörig macht und
verantwortlich
laß dich spüren
in tröstlicher Nähe
rüttle auf aus Gleichgültigkeit
wecke uns, wenn wir mutlos und
müde werden
fache Hoffnung an und die Kraft
die Kinder in unser Herz zu nehmen
wirf in die Augen der Mißhandler
dein unbestechliches Licht
die Verdrängung ihrer Taten
verweigere ihnen
arbeite an ihrer Wandlung

du, göttliche Lebensquelle
du, heilige Heimat heute und morgen
du
bist verantwortlich für
deine Schöpfung

weil du ein Vater bist?

oh, die schrecklichen Vaterhände
und meine winzigen Finger
die so gern das Gesicht gestreichelt hätten
verurteilt zum unfaßbaren Anfassen

mein erwürgter Mund
zum Erbrechen gefüllt mit Vatergewalt
daß nichts mehr köstlich schmeckte
die Worte im Halse steckenblieben

mein enteigneter Schoß
durchbohrt
als ich noch nichts von ihm wußte
die endlose Kette blutender Pein
von Gott und Menschen verlassen

ich habe dich angefleht
„lieber Gott“
jeden Tag, jede Nacht
bis ich begriff
du wirst mich nicht schützen
weil du ein Vater bist

ich habe innig zur himmlischen Mutter
gebetet:
„Maria, breit den Mantel aus
mach Schirm und Schild für mich daraus
laß mich darunter sicher stehn“
sie konnte mich so wenig behüten
wie meine eigene Mutter
in Herz und Ohren litt ich mit
das Schreien und Schlagen des Vaters
und ihr unerhörtes Wimmern

mit vierzehn bin ich geflohen
er fing mich nicht wieder ein
gefangen blieb ich in Angst und Not
mit mir selbst
fast zwei Jahrzehnte danach
beginne ich
zu leben

wer half mir zur zweiten Geburt?
ein menschlicher Seelenarzt
einer, der mir glaubte
die Gewaltmechanismen entlarvte
geduldig, beharrlich, verantwortungsvoll
mit mir
die Verstörung abzubauen begann
das Schwerste mußte ich selber tun
zehn lange Jahre habe ich gebraucht
um das kleine verängstigte Mädchen
im Kinderzimmer
aus der Wand, in die ich geflüchtet bin
wenn der Vater über mich kam
zu befreien
den einzigen Schutzort meiner Seele
woraus mich der Schreckliche oft noch zerrte
endgültig zu verlassen

daß ich es schließlich konnte?
weil es den Mann gibt, der mich liebt
den einfühlsamen, behutsamen
der ohne zu wissen lange gewartet hat
immer wieder wartet und
sucht zu verstehen

auch meine irrsinnige Angst
vor dem schuldlosen kleinen Sohn
der nach der Geburt bei mir lag
als wäre ich wieder bedroht
nahm mein Mann in sein Herz
mütterlich hat er das Kind betreut
bis ich es endlich erkennen und lieben
konnte

vielleicht, Gott
sage ich irgendwann zu dir
liebe Mutter
ich weiß jetzt, daß meine Mutter mich liebt
mich gern beschützt hätte damals
vielleicht weiß ich eines Tags
daß du die Schöpferin Liebe bist
selbst entmachtet und mißbraucht
von patriarchalen Männern
vielleicht kann ich
dir irgendwann
vertrauen

du mußt

das gibt es jahrtausendelang
wie du weißt
weltweit fliehen Menschen angstgejagt
wo auf Beutezug die Eroberer sind
von dir sagen sie
du habest Siege geschenkt und erbarmungslos
den Tod der Besiegten verlangt
dir treu zu dienen habe genügt
zu herrschen mit eiserner Faust
über Völker anderen Glaubens
und beim Einzug in das eroberte Land
zu brennen, zu plündern, zu schänden
alles Leben in Blut zu ertränken
die kleinen Kinder mit ihren Müttern
die wehrlosen Alten
die ahnungslosen Tiere
nur die Mädchen durften als Lustbeute leben
sie sagen sogar
du habest jeden zornig gestraft
der Menschen und Tiere schonte

auf der Flucht vor Panzern und Bomben
auf der Flucht vor Haß und Gewalt
sollte ich rufen zu dir?
die Geschichten deiner Parteilichkeit
seien alt?

bis heute
du weißt es
berufen sich Gegner beider Seiten auf dich
bis heute
werden Waffen gesegnet und Krieger geehrt
du bist ein parteiischer Gott

du mußt parteiisch sein
für uns Menschen auf der Flucht
für uns heimatlos Gewordne
für uns ohne Schutz und Schirm
für uns ohne Brot und Zukunft
wir sind dreißig Millionen heute
astronomische, schweigende Zahl
anonymes Massenschicksal
vom Bildschirm sekundenschnell gestreift
das nutzt sich ab
wir bleiben unter uns

und wäre es nur
ein Kind
eine Frau
ein Greis
ein Mann, der nicht töten will
du darfst nicht auf der Flucht sein
du mußt parteiisch sein
gegen machtbesetzte Wirklichkeit
du
mußt

für die zweifachen Schritte

Die mich weniger kennen als du
haben treu ihrem eignen Gesetz
den Spruch gefällt.
Unbarmherzig
weist er mich aus dem Heiligtum.
Vor der Schwelle wiederholen die Schuhe:
Du bist enterbt, Ungetreuer!

Bin ich ungetreu, Gott,
weil vor deinen Augen
mich eine ganz neue Liebe freudig ergreift
und ich sie dir bringe?
Sind meine Hände entweiht,
weil sie einem Menschen
als Schale sich öffnen
ihn schützend zu bergen?
Verarmt mein Herz für dich,
weil es sich – durchströmt
von Empfangen und Schenken –
dir und den Geschwistern gibt?

Du siehst es, mein Gott,
ich lasse mich hier, wenn ich gehe.
Gib mir neue Schuhe
für die verwaisten Füße;
denn die auf der Schwelle gehören
gesperrten Wegen.
Gib mir Schuhe *deines* Gesetzes
und *deiner* Treue
für die zweifachen Schritte zu dir

obdachlos

das gibt es noch nicht so lange
im Freie-Marktwirtschafts-Land
eine Frau ohne Heim und Herd
eine Pennerfrau nahe fünfzig
mit Fusselhaar und fahlem Gesicht
den Krebs vielleicht noch im Bauch
dreimal Krankenhaus, Chemotherapie
die Arbeit ging flöten und
dem besten sozialen Netz
lief die Wohnungsmiete davon
weshalb ich gerichtlich weggeräumt wurde
Ordnung muß sein
denn „die Menschenwürde ist unantastbar"

manchmal gehe ich in dein Haus
Vater unser, allmächtiger, gütiger Gott
und Herr
(ich spreche dich nicht mehr so an)
in eines von vielen, die dir gehören
ich setze mich hinten in eine Bank
und spüre: du bist nicht hier
wie solltest du auch
mein Hauswirt wohnte auch weit weg
er ließ den Wohnraum verwalten
aber Blumen lächeln mich an und
eine Maria mit dem Kind auf dem Schoß
ein wenig Wärme berührt mich dann
Sekunden-Obdach
zerbrechlich

ich sitze hier, weil es still ist
die Engel und Heiligen auf den Podesten
wundern sich nicht
kein Schätzblick trifft mich
aber dir würde ich so gerne begegnen
wenn du wie eine Freundin wärest
fraglose Umarmung
nach Hause gesucht

deine Häuser sind prächtig und groß
wir Unbehausten sind häßlich und übrig
es fehlt an nichts, wie es scheint
gefällt dir der Teppich am Altar?
liebst du die Blumen und Kerzen?
ich brauchte nur eine kleine Wohnung
die stünde nicht die meiste Zeit leer

Bittpsalm

befreie uns, heilige Weisheit
vom Patriarchat
von männlicher Überheblichkeit
von der Sucht
die Fäden in Fäusten zu halten
und die Puppen tanzen zu lassen
vom Wahn der technischen Seligkeit
von der militärischen Lüge
den Frieden zu schützen
von der Herrschaft der Paragraphen
von der Heiligsprechung des Leistungsprinzips
von den Allmachtsphantasien
männlicher Wissenschaft
vom festgeschriebenen Wohlstandsbesitz

befreie uns, heilige Weisheit
zum Willen
eigenständige Menschen zu sein
fromme Formeln und politische Phrasen
unermüdlich zu hinterfragen
die Medienmächte nicht schalten
und walten zu lassen
die Gesellschaft und Kirche mit
zu gestalten

begabe mich, heilige Weisheit
mit Mut
mit Durchhaltekraft
und Sachverstand
zu denken, zu fragen
zu handeln
in deinem Licht

miteinander leben

Psalm am Kochtopf

Mittag
zum wievieltausendstenmal
das Essen kochen
ermüdender Kreislauf
ich möchte anderes tun
meine Arbeit und mein Gefühl dabei
wie schnell sind sie verzehrt und
vergessen, Gott
das benutzte Geschirr
der leere Kochtopf bleiben mir
und morgen
das gleiche

nichts habe ich produziert
was die Wirtschaftsweisen Wachstum und
Aufschwung preisen ließe
der häusliche Arbeitsplatz
hochgejubelt
in politischen und in kirchlichen
Männermündern
ist keines Lohnes wert
weshalb
gibst du mir nicht
die Kraft zu streiken?

ich wasche Kartoffeln und setze sie auf
der Schalter am Herd gehorcht meiner Hand
die Linsen im anderen Topf beginnen
zu duften
ich schneide Porree, grünweißes Farbspiel
und herzhafte Würze
die Speckwürfel zischen in der Pfanne
goldfarbenes Öl gleitet in den Topf

ich öffne den Kühlschrank
finde, was ich brauche
rühre Quark, Milch und Zucker mit Apfelmus
ein köstlicher Nachtisch

bist du die Freude
göttliche Liebe
die mich jetzt hell und warm durchströmt
du Schöpferin
von Anbeginn

und plötzlich steht die schwarze Frau
Carolina Maria de Jesus an meiner Seite
sie muß in einer Favela von Sao Paulo
hausen
Carolina Maria de Jesus steht jeden Tag
um vier Uhr auf, sucht jeden Tag neu
durch Sammeln von Altpapier, leeren
Flaschen und Konservendosen
ihre drei Kinder von drei verschiedenen Vätern
liebevoll zu ernähren und zu erziehen
(hat sie dreimal an Liebe geglaubt
die dreimal von weißen Männern Verlass'ne?)
sie sagt voller Dankbarkeit:
wie schön ist es, ein Huhn im Topf zu kochen
wie freue ich mich, wenn meine Kinder gutes
Essen bekommen

schickst *du* ihre Stimme zu mir
umwirbst mich unsichtbar
daß ich Schwingungen empfange und verstehe?
du, heilige Freundin Weisheit
Musik in meiner Mitte
unendliche Lebensquelle

ja, es ist schöpferisch, Essen zu kochen
ja, es ist köstlich, begabte Hände zu spüren
kein Grund, das Frauenleben dem Kochtopf
gleichzusetzen
ja, es ist unverzichtbar
die Stimmen der Schwestern nah und fern
zu er-hören
über den Topfrand
über Grenzen
zu schauen
Schritte zu tun

Mittag
Mitte
mit
leidendes Suchen
die schwarze Frau Carolina Maria de Jesus
ist in bitterer Armut gestorben
ihren Kindern verhalf sie zum Leben
ein Wunder?
40 000 verhungerte Kinder je Tag
eine mittlere Kleinstadt bei uns
sänke täglich in Todesstille

Mitte
sich sammeln
lauschen den Stimmen
der Stimme
einander mitteilen
teilen
Tischzeit für alle
am Reichtum der Erde

gefragt am achten Tag

sahst du es
du, der uns selten ins Auge geht
sahst du voraus
damals im Garten Utopia
welche Früchte sie heranzüchten würden
die Wie-Gott-sein-Menschen
nach dem Biß in die Überfrucht?
sahst du es
und gabst der verwundbaren Mutter nichts
als ein Hemd aus Disteln und Dornen
und setztest die sieben Tage aus
der gebrochenen Kindschaft
und läßt uns spielen mit Feuern
die sich einbrennen bis ins tausendste Glied?
siehst du es
den Regenbogen zu Füßen
die sterbenden Wasser in deinen Händen
die täglichen Todesernten im Schoß
und du öffnest uns Blindgängern nicht die Augen
und du schöpfst aus dir keinen Tränenstrom
zu ertränken den apokalyptischen Blitz?

Mitwelt

ein festgefügtes Wissen, Meinen
zu erschüttern
durch Überlieferung gestützt
durch Überlieferung ins Heilige erhoben
der Lauterkeit und Klugheit
andrer Menschen gelingt es kaum
Machtwalter einer Lehre, eines Reiches
fürchten Risse im gesicherten Gefüge
durch Erkenntnis
die nicht in ihrem Mund gewaschen wurde
die Wahrheit legen sie in Ketten
foltern und verbrennen sie auf
Scheiterhaufen
auch heute
nur die Methoden haben sich geändert
gottlob!
ein Erdrutsch ward verhindert
der Türme und Paläste der Hierarchen
überwältigt hätte
gottlob!
die eigne Haut gerettet
wenn später Wirbelstürme andere vernichten
Erdbeben Dörfer, Städte, ihre Menschen
unterpflügen
die eigne Haut gerettet!

so spricht und handelt die Vermessenheit
gottfern und schöpfungsfeindlich:
du sollst dich *um* mich drehen, Welt
wohlwissend, daß ich aus dir, mit dir
Leben fand und lebe
dein allerjüngstes Kind

du sollst dich *um* mich drehen
Mutter Erde
gefügig, wehrlos weide ich dich aus
wie ich es will

du sollst dich *um* mich drehen
Mutter Sonne
Himmelslicht, machtvolle Wärmespenderin

obwohl ihr ohne mich die großen Bahnen
zieht im All
obwohl ich ohne euch
nicht atmen, werden konnte

ihr sollt euch *um* mich drehen
Menschen andrer Kontinente
die meine Machtgelüste ausgeplündert
zu Hungerleidern, Sklaven, Flüchtenden
der eignen Heimat rückentwickelt haben

Vermessenheit *besitzt*
die Umwelt und Ummenschen

Gott
Atem dieser Welt
wirf in die atemblinden Augen
dein Licht, das unbestechliche
Gott
Weisheit, die das Leben schenkt
und trägt
wirf in gewinnverseuchte Hirne
wohlstandskranke Herzen
deine Klarheit:
die Welt wird uns nur Heimat bleiben
wenn wir *mit* ihr leben

sie ist nicht unsre Dienerin
nicht unser Eigentum
sie braucht uns nicht
um zu bestehen
wir brauchen Einsicht
Achtung und
Behutsamkeit
die Menschen andrer Kontinente
werden nur zu Hause bleiben
wenn wir *mit* ihnen leben
das heißt
den angemaßten Wohlstand teilen
sie sind nicht unsre Diener
oder Dienerinnen
nicht unser Eigentum

Zukunft heißt leben
mit der uns anvertrauten Welt
mit Menschen nah und fern
mit Gottes Segen

Seelen-Striptease via Tele

die Maschen feinstgeknüpft
verborgen für arglose Fische, doch
wir können Köder und Fangmethoden
enttarnen
unterstütze uns, Freundin Weisheit
mit dir durchschauen wir
die vermarktete Mutterliebe per Bildschirm
Unglücksfälle und Tode live Großaufnahme
erkennen wir
als doppelten Mißbrauch

der Fernseh-Striptease der Gefühle
steigt an
der heilend-verkleidete Hit:
„zieht die Seele aus vor der Kamera, Leute
tut gar nicht weh
die Todesmarke – kein Problem"
gnadenlos die Lächelmaske der gastfreien
ModeratorInnen
„das war doch nicht alles"
ein Glas Sekt beim Verhör
das löst
„sind Sie masochistisch gepolt, bisexuell
oder schwul?"
es geht gleich weiter
es lebe Kauf- und Habenlust!
„genießen Sie das kühle Blonde
die liebevolle Markenpflege junger Haut
natürlich weiblich
das Rasse-Klasse-Auto mit der Topfigurenfrau
am Kühler"

Beethovens Ode an die Freude untermalt das gern
vielleicht auch Mozarts Zauberflöte oder
ein Choral
gleich geht es weiter

zweiter Akt: Verantwortungstheater
ein Aidskranker wird vorgeführt
wahrscheinlich braucht er unbedingt
die Gage
vielleicht glaubt er zu helfen
vielleicht ist es sein einziger
sein letzter Auftritt
weiß er es nicht
verdrängt er es?
Millionenschaulust wird gefüttert
jede Schutzwand aufgesprengt
erwünscht ist Gänsehaut
die kostet nichts
die Mitgefühlemaskerade zielt
genau berechnet
auf die bösen andern
die Fernsehmacher nennen diese Puppenspiele
Freiheit
am deformierten Tisch
herrscht nackte Frage-, Geld- und
Beifallgier
es gilt
den aufgegeilten Hunger anzuheizen
der Zahlenpegel der Verführten ist
das Gütemaß
den Vorgeführten fehlt die Fernbedienung
abzuschalten
gleich geht's weiter

wir aber
vor der Scheibe
weshalb sind wir so leicht verführbar?
weshalb durchschauen wir nicht
das gewissenlose Doppelspiel
weshalb ge-horchen wir nicht
der Weisheit
der leisen Innenstimme?

Kraft Gottes
schenke uns den Willen
zur Erkenntnis
begabe uns mit Einsicht
mit Mut
für Menschenwürde einzustehen
stärke unsre Fähigkeit
zu unterscheiden
erwecke echtes Mitgefühl und
Hilfsbereitschaft
laß uns zur Freude finden
die befreit und teilt

Abschiebehaft

das Wort haben wir
nicht
zum Un-Wort erklärt
normaler Sprachschöpfungsakt
alltäglicher Gebrauch
der Mutter-Sprache einverleibt
durch Männer, Väter, machtbewußt
und die es trifft
die es leben müssen
umkreist der Tod

geahndet wird das Verbrechen
„undeutscher" Grenzüberschreitung
in nicht zu besteuernder Währung
und Höhe bezahlt
das einzige Hoffnungsgepäck *Leben*
erkennen wir ebensowenig an
wie wir den Rückkehrzoll
in die Fluchtheimat
kennen wollen
wir lassen uns füttern mit Angstbrot
gemixt aus Rassismus und Vorurteilen
das uns Politiker ofenfrisch servieren
wir schlucken Beruhigungspillen
Marke: sicheres Drittland
Marke: sicheres Herkunftsland
Unantastbarkeit für Leib und Leben
versprochen
amnesty international übertreibt
in Berichten von Folter und Tod

auch unser christ-demokratisches
unser sozial-demokratisches Land
wird angeklagt in bestimmten Fällen
hat Abschiebehaft etwa etwas
mit Folter zu tun?

nicht hören
nicht sehen
nicht fühlen
wie die verleumdeten Affen
„was ich nicht weiß
macht mich nicht heiß"

der Abschiebehaft-Container
die Abschiebehaftanstalt in Gemeinschaft
mit Kriminellen
ein ausgebürgerter Leidensort?
„o wie gut, daß ich nicht weiß
Menschenwürdens Schleuderpreis
in dem christlich-deutschen Land
wasch ich in Unschuld meine Hand"

was sollen diese Reden?
wir haften für Essen und Schlafstatt
für Bewegungsfreiheit im schmalen Gang
zwischen Bettetage und Bettetage
wir haften für den verschloss'nen Ort
dreiundzwanzig Stunden pro Tag
wir haften für eine Stunde pro Tag
bewachter Frischluftgefangenschaft
wir haften für getrennte Abschiebehaft
von Eltern und Kindern
Erziehungsgründe verständlicherweise

wir schieben die Schuld von uns ab
wir haften nicht für Verzweiflungstaten
während monatelanger Abschiebehaft

für kranke Kriminelle
kann Haftverschonung angezeigt sein
bei Abschiebehaft erlauben das
„Gott seis geklagt“
unsre freiheitlichen Gesetze nicht

Abschiebehaft
alltäglicher Sprachgebrauch
das Wort und die zugehörige Tat
haben wir nicht
zum Un-Wort
zur Un-Tat
erklärt
sei’s Gott allein
geklagt?

Friedenspsalm

hörst du
wie unsere Herzen
sprachlos geredet
nach Frieden schreien?
nach Frieden
nicht nach dem entwerteten Wort
nach dem weltweit mißbrauchten

erbarme dich doch
des offenen und verborgenen Blutens
der gefolterten Freiheit
der verlachten Sehnsucht
der gehandelten Würde
des vermarkteten Lebens dieser Erde
des alltäglichen Massensterbens
von Kindern
wenn du die Liebe bist

Gott, heiliges Du
erwecke uns Sehkraft des Herzens
die Falschmünzerreden zu durchschauen:
sie preisen tödliche Waffen
als Friedensbringer
sie schrecken uns mit dem Verlust
von Arbeitsplätzen
in Kenntnis der vollautomatischen
Waffenschmieden
sie geben sich als Beschützer des Lebens aus
während sie die Atemluft ständig
durch Düsenjäger vergiften lassen
und Riesenmengen an Energie verschwenden
die allen Menschen gehört

du göttliche Kraft
ermutige uns
den stummen Komplicenstand
aufzugeben
dem wir als Menschen
der westlichen Industrieherrschaft
angehören
wie sollte Friede wachsen
wenn wir unseren Wohlstand auf Armut und
Ausbeutung der Mitmenschen bauen?
wenn wir die Erde benutzen
und nicht behutsam auf ihr und mit ihr
leben?

befreie uns alle
zu Ein-Sicht und Um-Kehr
ins Für- und Miteinander

Psalm der Freundschaft

ich suche dich
meine göttliche Freundin
dich Vertriebene
bei der Errichtung des Gartens Eden
dich Gefangene
in der Verkleidung des Patriarchats

deine Nähe möchte ich spüren
deine Schönheit will ich wiederent-decken
deiner weiblichen Lebenskraft trauen
meine Sehnsucht umarmt dich
göttliche Freundin
in deiner angstfreien Liebe
sage ich ja zu mir Frau
lehne es ab
Abziehbild männlicher Wünsche zu sein
löse mich
aus der Anziehpuppen-Gewalt
die mich als Großzügigkeit und
sorgende Güte getarnt
besaß und weiter besitzen will

aber ich bitte dich nicht
heilige Freundin
die verblendeten Männer zu zerschmettern
ihnen das Rückgrat zu brechen
ihre Machtzentren zu verbrennen
ihre Bauten zu verwüsten

vielmehr
entziehe ich dem Patriarchat
meine Gegenwart, meine Kraft
meine Pflege und Anerkennung
meine Verzichte, meine Harmlosigkeit

du, heilige Weisheit
bewohne mein Denken und Fühlen
durchströme mir Leib, Seele und
Geist
teile mir Lust am Leben mit
in seiner Vielfalt und Fülle

Heimat wollen wir füreinander
sein
in Gemeinschaft aller
die dich suchen und lieben

schöne Tochter der Liebe

I

schöne Tochter der Liebe, Dankbarkeit
wo wir dich wohnen lassen
gewinnt das Leben
wenn du wurzelst in uns
wandeln sich unsre Augen
wächst die Sehkraft des Herzens

tägliches Brot empfangen wir
als kost-bare Gabe
und die es uns bereiten
nehmen wir auf
in unsre Ge-danken

unser Gesichtskreis weitet sich
hin zu den Kontinenten
ave, Schwester, du pflückst
in den Bergen den Tee
belebender Trank in unseren Tassen
ave, Bruder, du schneidest
das Zuckerrohr
bittere Arbeit und Armut versteckt
im süßen Kristall auf unseren Tischen
not-wendig wollen wir eurer
gedenken

II

weshalb mißbrauchen wir dich so oft
Dankbarkeit, zärtliche Schwester der Freude?
ziehen dich auf, Puppe mit Spielwerk
für ein paar Drehungen
auf unsrer Zunge

hetzen dich als gierige alte Frau
jeder Handreichung nach
stellen dich an, Sklavenhalterin
einzupeitschen gekrümmtes Rückgrat
und Kniefall

durch die Zerrbilder noch
nähert sich dein wahres Gesicht
Hand in Hand mit der Freude
erwartest du
einzugießen in unsre Adern die Wärme
daß wir aufblühen zueinander
daß wir denken der heiligen Quelle
Dankbarkeit, schöne Tochter der Liebe

mit deinem Echo
im Herzen

komm und sieh

wie ein Osterblitz stürzte es
in mein selbstverständliches Haben

das Wasser geschöpft in mein Schlafgesicht,
die Kleidung übergestreift und Knöpfe
geschlossen, das Fenster geöffnet, die
Platzdeckchen auseinandergefaltet, Geschirr
auf den Tisch gestellt, den Wasserhahn auf-
und zugedreht, die Kochplatte eingeschaltet,
den Kessel aufgesetzt, das Messer ergriffen,
Brot geschnitten, Milch in die Tassen gefüllt,
die Hände gefaltet, mein Kind gewickelt, sein
Köpfchen gehalten, deine Hand beim Abschied
umschlossen, an der Tür gewinkt, Kartoffeln
geschält und Teig geknetet, die Delle in
deinem Kopfkissen nachgetastet, auf leerem
Papier geruht, den Bleistift gehalten, be-
wegt, auf den Tasten der Schreibmaschine
getanzt
und mittags und abends noch
will ich handeln
und
beide Hände gehorchen

wie ein Osterblitz stürzte es
in mein selbstverständliches Haben

der warme und starke Teller, seine kunst-
voll beweglichen Helfer, die Finger
liebe linke, liebe rechte Hand
der feinen Nadel führt ihr den Faden zu
schickt sie sicher durch feines und
festes Gewebe, den Klumpen Lehm erwärmt
ihr und gebt ihm Gestalt
ihr berührt die Erde

ihr hütet und spielt
ihr hebt euch auf zum Himmel

sieh die Haut
das empfindsame Kleid, das warme lebendige
das uns schützt und schmückt
der Liebenden Augen, der Liebenden Lippen
weiden zärtlich darauf
nie wird es zu klein und niemand
außer dir, Schöpferin Liebe
vermöchte es uns Menschen zu weben
du nimmst die verliehenen Farben
nicht zurück:
den unvergleichlichen Samt unterm
sengenden Mund der Sonne
das kraftvolle Kupfer, den warmen Erdton
im Bergland, auf den Inselkränzen
südlicher Meere
des Ostens sanftes Gold und
Europas helles Linnen

sieh die Linien an in deiner Hand
ergründe das kreisende Muster
auf den Hügeln deiner Finger
du findest das Kunstwerk ein einziges
Mal auf der Welt

wie ein Osterblitz stürzte es
in mein selbstverständliches Haben

mißhandelt hast du dein lebendes Kleid?
es wurde verletzt?
wenn die menschliche Nadel Wunden auch
näht, sie heilt nicht den Riß
in der Wunde regt sich das Wunder
webt das Verletzte behutsam neu
geheilt atmen wir im Geheimnis

Pfingstpsalm

I
mit allen Lauten
die eure Zungen und Herzen kennen
lobt ihr Menschen
Gott, unsern Freund

lobt ihn, den Ursprung
den Geber des Wortes
lobt ihn, der alles ins Leben rief
lobt ihn, der uns beim Namen nennt

alle Laute
die eure Zungen und Herzen kennen
schenkt sie, ihr Menschen
Gott, unsrer Freundin

schenkt ihr den ersten Schrei eurer Kinder
den sie aus ihrem Atem schöpfte

schenkt ihr das Lallen eurer Kleinen
süße Laute in eurer Erwartung

schenkt ihr das ungestüme Warum
eurer Töchter und Söhne
und das geduldige Antwortgeben
aus eurer Liebe

schenkt ihr das erste Liebesgeflüster der Jugend
und das Versprechen
am bräutlichen Tag

schenkt ihr die überströmenden Lieder
des Liebens
und die Hymne des Einsseins
die an die Schwelle des Himmels reicht

alle Laute
die eure Zungen und Herzen kennen
bringt sie, ihr Menschen
Gott, der Schöpferin Liebe

bringt ihr das bittere Wort der Enttäuschung
den Sturzbach des Zornes
den verbissenen Streit
der hinter schmalen
versiegelten Lippen wohnt

bringt ihr die Brücke des ersten zögernden Wortes
die an das Ufer Vergebung trägt

bringt ihr den wiederbefreiten freudigen Strom
des Gespräches

bringt ihr das lautere Lied der Versöhnung

bringt ihr die lautlosen Worte getreuen Liebens
die sich der Mündung des Ewigen nähern

alle Laute
die eure Zungen und Herzen kennen
schickt sie, ihr Menschen
der Schöpferin Liebe

schickt zu ihr eure Klagen über Mißerfolge
Verachtet-Werden
und Hilflosigkeit

schickt zu ihr eure Fragen nach Unrecht
nach Leiden
nach Katastrophen
Kriegen und Not

schickt zu ihr euer Stöhnen in Krankheit
Schmerz
und Verzweiflung

schickt zu ihr euer letztes Seufzen und Stammeln
eure brechende Stimme
euren Todesschrei

alle Laute
die eure Zungen und Herzen kennen
ihr Menschen
sammelt die Liebe
verstehend
in ihrer Hand

II
ruft und singt, ihr Menschen
in allen Sprachen
die es auf Erden gibt
ruft und singt sie
der göttlichen Weisheit
der Schöpferin aller Gaben

sie ist die Fülle
sie ist die Eine vor aller Schöpfung
die lebendige Vielfalt
welche vollendet und eint

singt und ruft
in allen Sprachen vor ihr

ruft sie, ihr Menschen mit allen Namen
die sie in eure Herzen sprach

ruft sie, ihr Menschen mit allen Namen
die ihr in euren vertrauten Sprachen
liebend, fragend und zweifelnd besitzt

lobt sie mit den farbigen Bildern
die ihr in euren Sprachen erschafft

lobt sie mit den schönsten Worten
die aus euren Sprachen erblühen

singt ihr die Rhythmen und Melodien
die euren Muttersprachen
unnachahmlich entströmen
und eure Herzen tanzen lassen

laßt ihr die Metaphern der Liebe erklingen
die eure Muttersprachen hüten

lobt und dankt
klagt und schreit
bittet, verlangt
weint und fragt
ruft und singt
ihr Menschen
vor Gott, der Schöpferin Liebe
in euren Sprachen

alle Sprachen
die es auf Erden gibt
ihr Menschen
sammelt die göttliche ruach
verstehend
in ihrer Hand

Trösterin

wie wohl
tut dein Geheimnis

daß meine Augen nicht
geheftet werden auf ein Bild
daß meine Hände offen bleiben dürfen
immer

wie wohl
tut dein Geheimnis

in jedem Atemzug die Tür
dir zu begegnen
in jedem Schritt der Weg
und auch den Höchsten in der Pyramide
den Stimmgewaltigsten
legst auf die Zunge du
das Stammeln
und grenzt den Horizont

wie wohl
tut dein Geheimnis

du näherst dich im Duft der Rosen
Kreuzesblume
du tauchst mich in den Jordan
Staub, Schweiß und Tränen
nimmt dein Strömen auf
du spielst im Zelt des Baumes
daß ich Leben ahne
du hauchst mich an
und meine Adern singen

wie wohl
tut dein Geheimnis

du Frühlingswind
der tanzen läßt mein winterliches Herz
du Funkenflug
der mich begabt mit Flügeln
du Wärme
die ermutigt, was verschlossen ist

wie wohl
tut dein Geheimnis

du Schöpferin Liebe
im Zugriff des Todes die Welt erweckend
wo Lächeln es wagt
wo Augen verweilen
wo Lippen berühren
wo Kinder erwachen
du Gegenwart und Zukunft

wie wohl
tut dein Geheimnis

Werdungen

verstümmelter Atem
gedrosseltes Wehen
wir sausen wir sausen endlose Fahrt
ohne Dauerkarte wir sausen wir sausen
Luftnötigung Schallmauerbruch
gelobt seien unsre Raketen

unter uns
hängen sie in den Hungerseilen
verstümmelter Atem
unter uns
werden stündlich Kinder geboren zur Todesfreude
gedrosseltes Wehen
unter uns
trinken Frauen die Abwässer
aus

im Schwindel gefangen fliegen wir wir fliegen
vorbei
an den Abstellgleisen den Abschußrampen
unbeirrt
setzten hier die schwarzen Matrosen
Aschensegel

der Himmel in Gewalt
wir fliegen wir sausen
Luftnötigung Schallmauerbruch
der glühende Schweif
wir sehen nicht wir hören nicht

ein Hauch küßt den sengenden Ölbaum
ein Seufzen berührt die Linden
es regnete regnet Feuer
(die neue Sintflut?)
über den Schreien über dem Stummen über der Flucht
wir stürzen wir stürzen
gelobt sei die Niederlage

erlösender Atem
befreiendes Wehen
du hebst aus den Angeln
führst heraus die Gefangnen
noch rauchen die Trümmer noch eitern die Wunden
noch hockt das Entsetzen auf der Brust

dein Hauch vermählt sich dem blutenden Ölbaum
dein Lied umarmt die seufzenden Linden
heim finden die Aschensegel
verwandelt in Licht
auf jede Zunge schenkt sich das Korn
wir hören
wir sehen

mit deinem Echo im Herzen

als du mit der Schöpfung schwanger gingst
vor den Zeiten
legtest du in das Werden alles hinein
was unsre Sinne und Seele
unser Denken und Handeln
ertasten:
dein Leuchten und Tanzen
dein Lachen und Strömen
dein Lieben und Freuen
dein Warten und Wehen
dein Sehnen und Singen
deine Neugierde auf die Entfaltung
deine Farben und deine Musik
deine unbegreifliche Nähe und Ferne

und wir
leben wissend wie ungewiß
mit deinem Echo im Herzen

göttliche Quelle des Lachens

die vielen beschriebenen, erzählten
gemalten Gesichter von dir
entbehren der Freude, des Lachens
lassen Hoheit und Güte sich niemals
paaren mit Heiterkeit
die unsre Herzen so fügelleicht
so weit und frei werden läßt
bereit, die Welt zu umarmen

in den sonngoldnen Kelchen früher Narzissen
hab ich dein Lächeln entdeckt
blitzt es nicht auf im winzigsten Blumengesicht?
zärtliche Heiterkeit schimmert
im überschäumenden Licht blühender Bäume
wie würden wir das Lachen der Sonne vermissen
und des Gold- und Silbermonds lächelnde Träume
alles hast du aus deinem heiteren Lieben erweckt

sicherlich, Schöpferin, hat dein Herz
spielend an Schönes gedacht
als du die zauberbunten Fische und Vögel geboren
Fantasie und Humor haben sich in dir verschworen
und die bizarrsten, lustig wirkenden Tiere
ins Leben gebracht:
Seepferdchen, Schlammbeißer, Qualle und Koalabär
Murmeltier, Frosch, Tausendfüßler, ein unübersehbares Heer
fantastischer, tänzerischer, erstaunlicher Geschöpfe
und so viele Menschen sperren dich in die Enge
der eigenen Köpfe

deinem Lächeln entschwebten die Wunder der Schmetterlinge
woraus, göttliche Liebe, empfinge
das uns im Herzen ergreifende Kinderlachen
seinen beglückenden Ausdruck
wenn nicht aus deinem freudigen Wesen?
immer wieder läßt du uns deine Heiterkeit lesen
wenn wir uns nicht zu Analphabeten machen
und sie bewußt oder unbewußt verdecken –
du bist nicht Griesgram
Freudenfeind
düsterer Schrecken

locke, Quelle des Frohsinns
in uns spontane Freude hervor
schenke uns, göttliche Weisheit
deinen heilmachenden Humor

mit dir

überströmt
im Licht der Freude
höre ich das Leben singen
und verschloss'ne Tore tun sich auf
Sterne pflücke ich und Rosen

Sonne hat auf Wolkeninseln
hohe Zelte aufgeschlagen
sieh, das Fest für uns beginnt

noch vermögen unsre Augen nicht
ungetrübt das Licht zu halten
aber eingesogen drängt es uns
seinen Ursprung zu erreichen

Musik

alter Traum
eine Sprache für Gott und Menschen
allerorten Wortbrunnen
woraus wir Leben schöpfen
Alltag enthüllt sich anders
durch die Jahrtausende hin
alter Traum *muß* einmal wahr gewesen sein?

du
Männer erzählen es
um ihre Machtwünsche wissend
setztest den Türmen in deinen Himmel hinein
worauf dir Menschen
von ihren Höhenwünschen
ihrer Sehnsucht beflügelt
entgegenstiegen
das Ende
aber
es waren die bösen anderen
die gestraft
alle ins Elend stürzten:
Babel, der schönen, der stolzen Stadt
der *Hure*
so wollen patriarchale Männer erklären
hast du die Sprache im Munde zerrissen
streutest die Steine ihrer Heiligtümer
in alle Winde
Sprachtrümmer, Wortfetzen entzweiten
die Völker

mühselig und bevorzugt lernen wir fremde Klänge
falls wir in Wohlstandsländern wohnen
die zu uns kommen
Vogelfreie
Lebenssucher
mit der entwurzelten Muttersprache im Herzen
hilflos
nicht nur ins fremde Wortgeflecht –
die *eingeboren* hausen ohne
zu Hause zu sein –
die in der Sprachheimat
Sprachlosigkeit erleiden –
die mit Worthülsen abgespeist werden

müßten verkümmern
fielen in Todesschächte
hättest du, heilige Schöpferin Weisheit
uns nicht die Trösterin *Musik*
geschenkt
ihre Sprache verstehen alle Menschen
auf ihren Flügeln trägt sie uns
aus Verlassenheit empor
in der Bitternis strömt sie uns Balsam zu
Kälte durchbricht ihr leuchtendes Feuer
Brücken spannt sie über Länder und
Kontinente
unerschöpflich ihr Reichtum
durch die Jahrtausende hin

Sehnsucht, Freude und Hoffnung
Trauer, Lust und Erinnern
Jubel, Abschied und Anfang
Heimweh, Heimat und Ängste
Liebe, Leidenschaft, Zärtlichkeit
Sterben, Tanzen und Lachen
nimmt sie ins Herz

tönt das Leben Bewegende ergreifend
aus der Schöpfungskraft begnadeter Menschen
in die Herzen und Sinne zurück

dir, lebenspendende Weisheit
öffnet sie
denn du selbst bist unendliche Musik
singst zur Harfe die Liebeslieder
spielst uns auf zu befreiendem Tanz
im göttlichen Rhythmus des Alls

danke
für deine Lebensquelle Musik
für den Reigen der Klänge
für die Macht und Demut der Melodien
für die Lieder auf meiner Zunge
für die Lobgesänge meiner Geburten
für dein heilsames Echo in mir

danke
daß du uns begnadest und liebst
durch die wunder-volle
innig verbindende Sprache
Musik

Tanzpsalm I

ehe die Erde wurde und Heimat wurde
der Vielfalt des Lebens
ehe die zahllosen Sonnen kreisend
ihr Licht verströmten
ehe Anfang sich regte
hast du, göttliche Weisheit
deine Schöpfung getanzt
aus deinem Schwingen wuchsen
die unendlichen Räume
Weite gewann sich und teilte sich mit

deinen wunder-vollen Spiralen folgen
die Sternennebel
in deinen rhythmischen Spuren bewegen
sich Planeten und Monde
danke, daß du nicht das Starre
Gekrümmte, Gefangene schaffst
alle Körper durchströmt das Leben
noch im Sandkorn tanzen
unsichtbar die Atome

immer
haben dich Menschen tanzend gelobt
tanzend
geben sich Liebe, Freude und Dank zu erkennen
tanzend
gewinne ich deine Nähe, göttliche Weisheit
öffne mich deinem Werben
gebe mich deiner Freundschaft hin

tanzend
erfahre ich Freiheit und Weite
Ruhe und Raum
tanzend
nehmen sich Horizonte zurück
tanzend
werde ich deine Musik
schwinge mich ein ins Du und ins Wir
wiege mein Leben und
das mir anvertraute

weshalb
bewegender Gott, fürchten Frauen und Männer
dir im Tanz zu begegnen?
ist es die Ahnung sich zu verlieren
an deine dynamischen Kräfte?
Einbahnstraßen verlassen zu müssen
selbstgezogene
anerzogene Grenzen aufzugeben
sich dem Frühlingswind auszusetzen
das Vertrauen in Ungewohntes zu wagen
neue Schrittmelodien zu er-hören?

du, Schöpferin Liebe
bringst weder Mauern noch tödliche Kreuze
hervor
du
krümmst weder Rückgrat noch Selbstgefühl
du
lädst uns ein
mich Frau, mich Mann
geschmückt mit Blumen
gekränzt mit Sternen
zum Tanz des Lebens
zum Schöpfungsreigen

Blumenwiesen und Wüstenstriche
lachende Tage und sanfte Nächte
Wolkenteppich und schmerzende Wege
Einsamkeiten und Miteinander
erwarten uns

du
wirst unsere Füße salben
Wehen wird unsere Stirnen küssen
streicheln werden uns deine Flügel
deine Musik fliegt vor uns her
in den heiligen Rhythmus
des Alls

Tanzpsalm II

steh auf
komm in unseren Kreis
du bist nicht zu jung und nicht zu alt
wir geben tanzend dem Glauben Gestalt
um ganze Menschen zu werden

Gott wünscht dir den eigenen Schritt
dich zu spüren und die Menschen mit dir
das Heilige zu suchen

steh auf
komm in unseren Kreis
du bist nicht zu jung und nicht zu alt
wir geben tanzend der Hoffnung Gestalt
um ganze Menschen zu werden

Gott schenkt dir den Boden und Raum
dir zu trauen und den Menschen mit dir
dem Heiligen zu öffnen

steh auf
komm in unseren Kreis
du bist nicht zu jung und nicht zu alt
wir geben tanzend der Liebe Gestalt
um ganze Menschen zu werden

Gott zeigt dir die Nähe und Lust
dich zu freuen und den Menschen mit dir
das Heilige zu wagen

steh auf
komm in unseren Kreis
du bist nicht zu jung und nicht zu alt
wir geben tanzend dem Segen Gestalt
um ganze Menschen zu werden

Tanzpsalm III

ich lobe dich, heilige Kraft und
bewege mich aus engem Gestühl
in den offenen Raum
ich tanze mein Lebens- und Glaubensgefühl
meine Wanderschaft zur Mitte

noch stolpern die Füße
noch fürchte ich mich
vor Worten und Blicken
noch scheint der Boden zu beben

ich lobe dich, heilige Kraft und
entferne mich aus versteinter Spur
in den freien Raum
ich tanze mein Sehnen und Suchen pur
meinen Hoffnungstraum zur Mitte

noch tasten die Schritte
noch fragen die Füße
nach Dürfen und Können
noch klingt die Musik sehr leise

ich spüre dich, heilige Kraft und
empfinde Umarmen und Segen
du bist Lebensraum
ich tanze dir frei und dankbar entgegen
meiner Heimat, meiner Mitte

Tanzpsalm IV

wie lange noch schauen wir heute beklommen
vom dogmatisierten Strand
übers Sehnsuchtsmeer

als wäre die Hoffnung leer
wir sind von Gott beim Namen genannt
für immer in Liebe angenommen

als gäbe es kein heiliges Wehen
das Weite weist den eingeschloss'nen Füßen
wir sind begabt zu sehen

als flöge die ruach nicht vor uns her

wir haben uns lange selbst verbannt
ich will die Freiheit grüßen
ihr Lächeln ist mir zugewandt
Mirjam schwingt die Pauke in der Hand
mit ihr zu tanzen ist nicht schwer
ich löse mich aus festem Stand
und feiere tanzend Wiederkehr
der bewegenden göttlichen Weisheit

Heilige Stadt

ich seh eine heilige Stadt
die Engel an ihren Toren hat
die jeden, der umkehrt, wiedererkennt
und ihn bei seinem Namen nennt
mich ruft die heilige Stadt

ich seh eine heilige Stadt
die Mauern aus Ostersonne hat
die Suchenden neue Augen schenkt
und ihre Füße zur Mitte lenkt
ich suche die heilige Stadt

ich seh eine heilige Stadt
die Häuser aus lebendem Brote hat
die Hungrigen bleibend Wohnrecht gibt
und wer von dem Brote ißt, der liebt
ich hungere, heilige Stadt

ich seh eine heilige Stadt
die Gärten unendlicher Freude hat
von Gottes heilsamer Liebe durchwebt
wo alles Erschaffne geschwisterlich lebt
du findest mich, heilige Stadt

zum Psalm 23:
„Der Herr ist mein Hirte“

danach

Psalm 23: „Der Herr ist mein Hirte“

der Wolf ist mein Hirte
mein Wächter des Mangels
er trägt schwarze Stiefel
und pfeift mit der Peitsche
er schert meine Wolle und meine Haut
er wetzt seine Zähne an meinen Augen
er schlägt sich in meine Eingeweide

dich hat er vertrieben
dich glaubt er zu töten
in unserer Asche

der Wolf ist mein Hirte
mein Wächter des Sterbens
er kennt keine Namen
und weiß keinen Herzton
er treibt in den Pferch mich
und sichert den Ausgang ins Atemlose
er lacht schwarz gewappnet
zum Schlußtanz der Peitsche

dich glaubt er enteignet
dich wittert er manchmal
in unserer Asche

und müssen wir, Leib in Leib gekeilt
den geschlossenen Rachen erwandern
stürzt keiner zur Rechten und keiner
kann fallen zur Linken
und jeden ertränken Angstschweiß und Tränen
und jedem birst der schwindende Hauch
glasfadenfein bis ins letzte Atom

der Wolf spottet deiner
am Sehschlitz des Todes
weidet er sich

und manchmal behält ein Gestummter die Stimme
singt sicher dein Leben ins tödliche Röcheln
und manchmal spricht Sara zu ihrem Kind:
mein Lämmchen, sei ruhig, hab keine Angst
drei Engel warten auf uns vor der Tür
und der Wolf schließt den Sehschlitz
getäuscht und enterbt und ahnt es noch nicht

der Herr ist mein Hirte
er geht mir nach durch das Rudel der Wölfe
er trägt mich durchs Feuer gieriger Öfen
er hält meine Asche in seinen Händen
und spricht meinen Namen

es wird mir nichts fehlen

Psalm 23 in Beirut
September 1982

Salz in den Gesichtern aus Wassern des Abschieds
und Steine der Furcht im Hohlraum der Brust
so horchen die Frauen

sie stillen ahnend
den Mund ihrer Kinder mit warmem Brot
so horchen die Frauen

weit draußen im Freien finden die Herden
Heimkehr unter das gute Dach
so horchen die Frauen

der Herr ist mein Hirte
wer steht vor der Tür?

der Herr ist mein Hirte
sie tragen die Waffen und wissen das Wort
der Herr ist mein Hirte
sie füttern die Wölfe und lassen sie los
der Herr ist mein Hirte
stockt keinem der Atem?
stößt keinem das Blut auf?
schreckt keinen sein Wolfsherz
zum Hüten gerufen?
der Herr ist mein Hirte

Blut in den Gesichtern aus Strudeln des Hasses
und Stille des Todes im Hohlraum der Brust
so horchen die Frauen

sie suchen gestummt
den Mund ihrer Kinder, ein einziges Wort
so horchen die Frauen

im Nahen und Fernen bittet die Sehnsucht
gib endlich Heimkehr in Frieden
so horchen die Frauen

der Herr ist mein Hirte
er ruft jeden Namen

wieder träumen die duftende Au

Psalm 23: „er läßt mich lagern auf grünen Auen"

vielleicht
nach den Wüstenjahren
durch die ich mich peitschen ließ
hinter heiler Fassade
ein Büschel Gras
vielleicht
Schritte hinaus
ohne Puder und Schminke
auf Blutergüssen
vielleicht
eine Hand, der ich trauen darf
vielleicht
eine leise Stimme

manchmal träume ich wieder
die duftende Au
wage barfuß darauf zu gehen
sie schenkt mir Gänseblumen
Lichtnelken und Vergißmeinnicht
ich winde Blütenkränze
meinen Kindern und mir
wir staunen Tau und Sonne an

morgens wache ich angstvoll auf
mein Lauschen
bleibt ohne Echo
ich danke für
mein einsames Bett

ein Augen-Blick sagt mir: Gott lächelt

Psalm 23: „und führt mich zum Ruheplatz am Wasser“

die Brücke ist meine Freundin
seit immer
locken
von Ufer zu Ufer
tragen
weltoffen gespannt
gibt sie Halt an der Brüstung
darunter
lebendiges Strömen
ich horchte auf die Geschichten
von Quelle und Meer
weiß ich weshalb
mich strudelndes Dunkel verschlang?
niemand verstand
mich zu retten

die Brücke flüsterte: bleib
verbot mir zu springen
ich hab meine Freundin verlassen
der mächtige Pfeiler schwieg
als mich zurücknahm das Wasser
Ruhe
nur Ruhe

das Ende
der Himmel
ein schmales Bett?

ich darf schlafen
viel später auf meiner Brücke
ein alter, ein junger Engel
in weißen Kitteln
mit ernsten Gesichtern
Gott ist eine Frau
in hellblauem Kleid
sie legt mir die Hand flügelleicht
auf die Stirn
und bittet:
wach auf
ein Augen-Blick sagt mir:
Gott lächelt

der Widerstreit des Fernwehs und des Heimwehs

Psalm 23: „er stillt mein Verlangen“

oh, dieser heiße Hunger, Gott
der auf mich einstürzt
ungebändigt
das wohlbekannte Muster eines Tages
brechend
sein Ziel nicht kennend
nicht die Sättigung

die Stunde, Freundin Weisheit
voller Glück
umarmt von der Gewißheit treuer Liebe
es huschen Sonnenkringel
übers rote Holz des Tisches
in Gläsern duftet Wein
doch selbst das Aug-in-Aug
durchzieht ein zarter Schmerz

das Kind auf meinem Schoß
an meiner Hand
ganz atmendes Vertrauen
der junge Mensch
ins eigne Leben drängend
als sei ich jetzt ein Stein im Wege
mein Sehnen, ihm zu helfen
sein ungestümes, scheues Sehnen
in das neue Land

den Widerstreit des Fernwehs und
des Heimwehs in den Herzen
wirst du
ihn stillen, Gott?

der leisen Stimme achtend

Psalm 23: „er leitet mich auf rechten Pfaden"

läuft nicht der einen Menschen
festgeglaubter rechter Weg
den Schritten anderer genau entgegen?
das Urteil springt blitzartig von der Zunge:
du Heiliger, seist nicht mit mir
ich dürfe deiner Stimme in mir
nicht vertrauen
du, Weisheit, habest vor Jahrhunderten
Jahrtausenden
an festgelegten Orten
ein für alle Mal gesprochen
wenn überhaupt

ich weiß
daß ich dich schon verleugnet habe
aus Angst vor Einsamkeit und Ungewissem
weil ich dazugehören möchte
die Anerkennung brauche
weil feste Gleise weniger verlangen
als schmale, unbekannte Pfade
Gestrüpp
das mußte, durfte ich erfahren
trägt Dornen und
die Rose

der Rätsel, Hindernisse, Überraschungen
auf Lebenswegen
viele gibt es wohl
die andre Menschen nicht begreifen
und auch das eigne Herz nur mühevoll
ich breche wieder auf
der leisen Stimme achtend
der Lichtsignale
dann und wann

innig und das heißt ewig

Psalm 23: „treu seinem Namen“

getreu deinem Namen
das danke ich dir
du
zwängst Liebe und Glauben nicht
in ein Schubfach
du
fesselst Hoffnung und Sehnsucht nicht
an geistliche Machtinteressen
du
sehnst dich nach unserem Herzwort
du
tilgst die Hälfte der Menschheit nicht
aus deinem Gesicht

dein göttliches Herz durchliebt die Welt
umarmt erwartungsvoll alles
atmende Leben innig
und das heißt ewig

getreu deinem Namen
das danke ich dir

„und muß ich auch wandern in finsterem Tal, ich fürchte kein Unheil“

Psalm 23

es dauert zu lange
mein finsteres Tal nimmt
kein Ende
die Felsen zu beiden Seiten
sind Menschen
sie fordern und wachsen
was sie brauchen für sich
sie kennen's genau
mich kennen und anerkennen
sie nicht
seit vielen Jahren
sehen sie nur
das Haar in der Suppe
mein finsteres Tal
dehnt sich unerbittlich
die lieben Menschen
zur Rechten und Linken
sind Felsen
die meine Sonne verschlucken
mein Quellwasser sperren
mir Steine zwischen die Füße werfen

ich fürchte kein Unheil
es ist gegenwärtig
schaust du ihm zu?

„denn du bist bei mir“
Psalm 23

du selbst
warst mein finsteres Tal geworden
schweigend und schwer
allmächtiger, schuldhungriger Herr
der schlägt, wenn er liebt
der grausame Opfer verlangt
um gnädig zu sein
du bist nicht mein Gott
dich haben Gewalthaber
ausgedacht
um eignen Gewalttaten göttliche Vollmacht
zu geben

mein langer Weg:
das drohende Auge
im Jammertal
zu durchschauen
den Kriegsherrenrüstungen
nicht zu glauben
die Trauer und Machtlosigkeit
der Liebe an meiner Seite
zu spüren
dein heiliges Dennoch

„dein Stock und dein Stab geben mir Zuversicht“
Psalm 23

nicht selten erlahmte ich
bin nur noch am Stock gegangen
stützte meine Müdigkeit und
Angst auf den Stock
ob du ihn mir reichtest?
die Wege starrten mich an
gesteinigte Durststrecken
wann
endlich wächst dein Hoffnungsgrün?
und jetzt noch der Fels

der Stab über mich gebrochen?
humple weiter
unstillbarer Schmerz hebt die Schmerzen
irgendwann
auf

mir gehören die Füße nicht mehr

irgendwie
gelangte ich weiter
ein wilder Rosenstock am Fels
duftet zärtliches Licht
in mein Herz
du

nicht nur Bosnien 1993

Psalm 23: „du deckst mir den Tisch vor den Augen meiner Feinde"

wir haben Haus an Haus gewohnt
jahrzehntelang
wir sprachen zusammen am Gartenzaun
im Dorfhaus lachten wir uns zu
bei den Festen
stießen an mit rotem Wein
und freuten uns miteinander am Tanz
als die Kinder geboren wurden
bei uns die Töchter
bei ihnen die Söhne
wünschten wir einander Glück und Segen
die Jahre spulten sich friedlich ab
glaubten wir
bei ihnen
bei uns
klang Hochzeitsmusik
wieder wurden Kinder geboren
vor fünfzig Jahren
es war einmal
ächzte Europa im Krieg
ein schrecklicher Traum

du Gott mit verschiedenen Namen:
Allah-Allerbarmer nennen wir dich
Herr und Vater, allmächtiger, gütiger Gott
heißt du bei unseren Feinden
die früher Nachbarn waren

unsern Tisch eroberten Haß und Gewalt
zerstörte Häuser – irgendwann
bauen wir sie wieder auf
zerstörte Menschen bleiben tot

sie kannten sich von kleinauf
Kinderspiele, Schule, Jugendzeit
mit dem eigenen kleinen Kind auf dem Arm
und grüßten sich
bis er ging
ein Vater und Ehemann
bis er wiederkam
der Sohn einer Mutter
im Tarnanzug mit Maschinenpistole
und dem Kreuz um den Hals
sie schrie in Entsetzen und Schmerz
er lachte und pfiff
sie zerschrie mir das Herz im Leib
er schleppte sie fort

unser Tisch bleibt ungedeckt
das Flüchtlingslager weiß keinen Ort
vor den Augen der Feinde betten wir
unsre Toten in Gartenbeete
auch das fremde Kind unsrer toten Tochter
sie erkennt uns nicht mehr
ihre Augen fesselt die Gewalt
unsre Feinde sitzen darin zu Tisch

ich weiß nicht
wie
du das ändern
willst

„Du salbst mein Haupt mit Öl“
Psalm 23

Als ich in die Fremde ausgespuckt wurde,
ins babylonische Sprachengewirr,
als meine Augen zu bluten begannen
an der täglichen Wiederkehr verächtlicher Blicke,
und mit jedem Werkstück am Gastarbeitsplatz
mein Herz in den Schraubstock geriet,
als ich mein Gesicht, meine Gesten und meine Stimme
ausgetauscht hätte um jeden Preis,
weil das Geld in der Lohntüte
meinen Hunger nur für Minuten betäubte,
weil manche Regale im Supermarkt
mich in bodenloses Heimweh stießen,
weil die Schlag-Worte in der Verbannung
mich taumeln machten Tag für Tag:

gabst du mir meinen Namen zurück

Wie heißt du, fragte der Deutsche neben mir.
Giacomo.
Giacomo, sagte er, ich heiße Frank.

wir tauchen ein

Psalm 23: „du füllst mir reichlich den Becher“

du weißt
Geheimnisse küssen das Herz
daß wir unterwegs Geschichten erzählen
du
heilige, geheimnisvolle Kraft
durchwehst die Atemluft
sie findet bis zuletzt die Türen
offen
in unsrer Mitte hältst du Rast

mein Brunnen darbt
die Blätter dorren
drei Jahre ohne Regen
ohne Tau
zwei Menschen belauern
den schalen Rest im Becher
drei Jahre ohne Regen
ohne Tau
ich ahne dennoch Nähe?

zwei Hälften hat die Schnitte Brot
wir tauchen ein
der Becher schäumt
erschrocken ob der fremden Süße
sehn wir uns an
zwei Heimgekehrte

es regnet

unter zärtlichen Augen

Psalm 23: „Lauter Güte und Huld werden mir folgen mein Leben lang"

weidet mein kleines Lamm
und wird satt
unter meinen zärtlichen Augen
legt sich in meiner Stimme zum Schlaf
träumend vom Grasland bis an den Strom

schmückt sich mein junges Lamm
und wird fremd
unter meinen zärtlichen Augen
träumt einen Namen, den ich nicht weiß
tags und allein mit den Sternen

weidet mein schönes Lamm
wo es will
wehrt meinen sorgenden Augen
ruf ich: komm vor dem Dunkeln heim
fürchte den Wolf und den Hirten

steht nachts mein schönes Lamm
vor der Tür
heil und mit glücklichen Augen
wirft meine Wölfin die Fesseln ab
packt das Lamm mit den Zähnen

seufzt mein erschrockenes Lamm
noch im Schlaf
unter meinen reuigen Augen
geb ich ihm Wege, Heimkehr frei
folge ihm mit meinem Herzen

Mutterschaf, Hirtin und Wölfin zugleich
unter Deinen zärtlichen Augen
Lamm und Wasser und Weide aus dir
sei du mein Stab und mein Wandern